NÜTZLICHES GEFLÜGEL-WISSEN

AUF DEM TITELBILD SEHEN SIE DAS REZEPT KNUSPRIGE ENTENKEULEN MIT ROTKOHLSALAT VON SEITE 22

FRISCH EINGETROFFEN

ÜBERRASCHENDE NEUENTDECKUNGEN

KLASSIKER NEU INTERPRETIERT

VERTRAUT
UND DOCH GANZ NEU!

ENTE & GANS CROSSOVER

KLEINE GEFLÜGEL-KUNDE

WIE TAUE ICH TK-GEFLÜGEL RICHTIG AUF?

WAS HEISST EIGENTLICH »FÜLLEN UND VERSCHLIESSEN«?

WIE BINDE ICH EINE ENTE ODER GANS IN FORM?

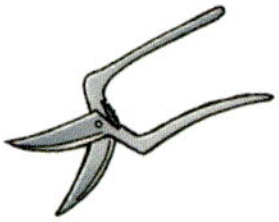

WIE ZERLEGE ICH EINEN GÄNSE- ODER ENTENBRATEN?

Damit das Fleisch zart bleibt, tauen Sie das Geflügel am besten im Kühlschrank auf. Nachdem Sie die Verpackung entfernt haben, legen Sie den Vogel auf einen umgedrehten Unterteller in eine große Schüssel und decken diese ab. Unter dem Teller kann sich während des Auftauens Flüssigkeit sammeln, die unbedingt weggegossen werden muss. Je nach Größe der Ente oder Gans kann das Auftauen bis zu 2 Tage dauern.

Zum Füllen stellt man die Ente oder Gans am besten so in einen Topf, dass die Bauchöffnung nach oben zeigt. Nun lässt sich die vorbereitete Füllung ganz einfach in die Bauchhöhle drücken. Zum Verschließen der Bauchöffnung die Hautkanten über der Füllung mit Daumen und Zeigefinger zusammendrücken und dicht an dicht mit Rouladennadeln oder Holzspießchen durchstechen. Anschließend mit Küchengarn von oben nach unten über Kreuz (wie einen Wanderschuh) verschnüren und zuknoten. An der kleineren Halsöffnung wird die Haut über der Öffnung mit 3–4 Holzspießen festgesteckt.

Diese Vorbereitung zum Braten von Geflügel jeder Art nennt man »dressieren«. Das vorbereitete Geflügel auf die Brust legen, die Flügel mit Küchengarn auf der Rückenseite zusammenbinden. Dann den Vogel wenden und die Keulen über der verschlossenen Bauchöffnung zusammenbinden. Nun liegen alle Teile am Körper an und bräunen während des Bratens nicht zu stark.

Wenn Sie das noch nicht so häufig gemacht haben, ist es am einfachsten, wenn Sie Ihren Gästen den Braten als Ganzes präsentieren und anschließend in der Küche ohne »Augenzeugen« zerlegen, d. h., tranchieren. Dort haben Sie die nötige Ruhe, um sich dem Braten zu widmen: Zuerst legen Sie den Braten auf den Rücken und schneiden am besten mit einer Geflügelschere Flügel und Keulen am Gelenk durch. Keulen dann im Gelenk in Ober- und Unterkeule zerschneiden. Nacheinander mit einer Fleischgabel die Brustteile fixieren und mit einem großen Messer links und rechts des Brustbeines entlang einschneiden und vom Brustkorb lösen. Je nach Größe das Brustfleisch schräg in Stücke schneiden. Inzwischen eine Platte im ausgeschalteten Ofen erwärmen und alle Teile darauf anrichten. Nun können Sie die Knochen des Brustkorbs durchtrennen, am besten mit der Geflügelschere, und die Füllung mit einem großen Löffel herausheben.

PRAKTISCHE HELFER

Kein Ding ist zu klein, ein Helferlein zu sein. Hier finden Sie eine kleine Auswahl von Dingen, die Ihnen bei der Zubereitung von Ente & Gans hilfreich zur Seite stehen.

KÜCHENPINSEL helfen beim Auftragen von Glasur auf Keulen, Brüste oder ganze Braten, damit die Haut aromatisch und knusprig wird. Auch zum Ablösen von angesetztem Bratensatz aus Bräter oder Fettpfanne sind Pinsel unersetzlich! Einfach den Bratensatz mit etwas Flüssigkeit (Wasser, Brühe oder Wein) bepinseln und schon lassen sich die Röststoffe leicht ablösen. Pinsel mit Borsten aus Silikon sind langlebiger als die aus Naturborsten, weil sie Temperaturen bis 300° aushalten und sich einfach in der Spülmaschine reinigen lassen.

ENTFETTUNGSKÄNNCHEN Wenn Sie jetzt öfter Enten- oder Gänsebraten zubereiten, werden Sie diesen Küchenhelfer aus Glas oder einem anderen Material sicher ganz bald nicht mehr missen wollen. Um Fett und Sauce zu trennen, wird der gelöste heiße Bratensatz ins Kännchen gegossen und nach kurzer Zeit steigt das Fett nach oben. Da die Tülle am Boden des Kännchens ansetzt, kann die Bratensauce nun einfach abgegossen werden; das Fett bleibt im Kännchen. Preiswert, leicht zu reinigen und nahezu unzerstörbar sind Kunststoffkännchen mit Skala.

ROULADENNADELN & HOLZSPIESSCHEN (Zahnstocher) Hiermit lassen sich die Hals- und Bauchöffnungen von gefüllten Enten- oder Gänsebraten schließen. Da die Geflügelhaut sehr fest sein kann, sind die stabilen Nadeln besonders geeignet, Zahnstocher brechen doch leicht ab. Zudem kann durch die Ösen der Nadeln Küchengarn gezogen werden, um die Öffnungen über Kreuz, wie bei Wanderstiefeln, fest zu verschnüren.

KÜCHENGARN Küchengarn wird aus Baumwolle hergestellt und in unterschiedlichen Farben angeboten. Kleinere Mengen bekommen Sie oft bei Ihrem Metzger oder Geflügelhändler. Ganze Knäuel finden Sie im Küchengeschäft. Als Ersatz kann Heftgarn dienen. In unserem Fall brauchen Sie es, um einen Rollbraten von der Gänsebrust zu verschnüren oder einen ganzen Enten- oder Gänsebraten in Form zu bringen.

FLEISCHGABEL & GROSSES MESSER (Tranchierbesteck) Diese beiden Küchenhelfer bilden beim Tranchieren von ganzem Geflügel ein unzertrennliches Paar. Eine Fleischgabel hat lange Zinken, mit deren Unterseite beim Zerlegen auf das Fleisch gedrückt (nicht hineingestochen!) wird, sodass kein Bratensaft auslaufen kann. Das Messer sollte eine lange Klinge haben und so scharf sein, dass diese beim Schneiden glatt durch das Fleisch gleiten kann.

GEFLÜGELSCHERE Sie erleichtert das Zerlegen von großen Gänse- oder Entenbraten, vor oder nach dem Garen. Die meisten Geflügelscheren haben einen speziellen Ausschnitt in der Schneide, zum Zerbrechen von starken Geflügelknochen. Zum Reinigen sollte sich die Schere in zwei Teile auseinandernehmen lassen. Zum sicheren Aufbewahren sollte man sie mit einem Verschluss sichern können.

FRISCH EINGETROFFEN

mit Chili-Kick

SPINAT-RISOTTO-SUPPE
MIT ENTENBRUST

1 Entenbrustfilet (ca. 300 g) ++ 1 TL abgeriebene Schale einer Bio-Zitrone ++ Salz ++ Pfeffer ++ 700 ml Geflügelbrühe ++ 1 Lorbeerblatt ++ 1 kleine getrocknete Chilischote ++ 1 Zwiebel ++ 80 g Risottoreis ++ 2 EL Olivenöl ++ 1 Knoblauchzehe ++ 150 g TK-Blattspinat ++ 3 Stiele Basilikum

Für 2 Personen | Zubereitung **40 Min.** | Pro Person ca. **625 kcal, 57 g EW, 29 g F, 34 g KH**

1 Entenbrust häuten, rundum mit Zitronenschale, Salz und Pfeffer würzen. Brühe mit Lorbeer und Chilischote aufkochen, Fleisch zugeben und zugedeckt bei ganz schwacher Hitze 10 Min. garen.

2 Die Zwiebel schälen, fein würfeln und mit dem Reis im Öl bei schwacher Hitze dünsten, bis die Zwiebel glasig ist. Fleisch aus der Brühe heben und fest in Alufolie wickeln, Brühe aufheben.

3 Den Knoblauch schälen, zum Reis pressen und kurz mitdünsten. Die Brühe zugeben und aufkochen. Zugedeckt bei schwacher Hitze 10 Min. kochen lassen. Den gefrorenen Spinat zugeben und weitere 15 Min. kochen lassen. Dann Lorbeer und Chili entfernen. Basilikumblättchen abzupfen, in Streifen schneiden, in die Suppe geben und mit Salz und Pfeffer abschmecken. Fleisch quer in sehr dünne Scheiben schneiden und auf die Suppe geben.

it's british

ENTENKEULEN
MIT KARTOFFEL-SELLERIE-PÜREE

2 Entenkeulen (à 380 g)
gemahlener Koriander
Salz | Pfeffer
1 große Zwiebel
200 ml Apfelsaft
300 ml Entenfond (Glas)
450 g Knollensellerie
350 g mittelgroße Kartoffeln
2 EL bittere Orangenmarmelade
2 EL Zitronensaft
3 EL Olivenöl
1–2 TL Speisestärke
2 EL gehackte Petersilie

Für 2 Personen | Zubereitung **2 Std. 15 Min.** | Pro Person ca. **1120 kcal, 62 g EW, 61 g F, 64 g KH**

1 Backofen auf 200° (Umluft nicht empfehlenswert) vorheizen. Keulen rundum mit Koriander, Salz und Pfeffer würzen. Zwiebel schälen, längs achteln und mit 200 ml kaltem Wasser in die Fettpfanne des Ofens geben. Keulen auf dem Rost in den Ofen (Mitte) schieben, die Fettpfanne darunter. Keulen 1 Std. 40 Min. braten. Dabei nach und nach Saft und Fond zugeben.

2 Sellerie putzen, schälen und in 4 cm große Stücke schneiden. Kartoffeln waschen, schälen und halbieren. Beides mit Wasser bedecken, salzen, zugedeckt aufkochen und bei schwacher Hitze 15–20 Min. kochen lassen.

3 Die Marmelade erhitzen, glatt rühren und auf die Haut der Keulen pinseln, diese weitere 20 Min. braten. Kartoffeln und Sellerie abgießen, kurz ausdämpfen lassen und im Topf mit einem Kartoffelstampfer zerdrücken. Zitronensaft und Öl untermischen, salzen.

4 Keulen auf eine Platte legen und mit dem Püree im ausgeschalteten Ofen warm halten. Bratensatz in der Fettpfanne mit einem Pinsel lösen (s. Seite 6) und durch ein Sieb in einen Topf geben, entfetten (s. Seite 6) und aufkochen lassen. Stärke mit 5–6 EL kaltem Wasser verrühren, in die kochende Sauce rühren und 3 Min. kochen lassen, salzen und pfeffern. Petersilie unter das Püree rühren. Keulen mit Püree und Sauce anrichten.

aus der Asia-Küche

ENTENBRUST
AUS DEM WOK

1 Entenbrustfilet (ca. 300 g)
5 EL Sojasauce
2–3 EL süßscharfe Chilisauce
1 TL geröstetes Sesamöl (Asienladen)
4 Frühlingszwiebeln
200 g Möhren
250 g Brokkoli
1 Knoblauchzehe
20 g Ingwer
3 EL Öl
150–200 ml Geflügelbrühe
3 EL Sherry (medium dry; ersatzweise Orangensaft)
1 EL Sesamsamen
Holzzahnstocher

Für 2 Personen | Zubereitung **40 Min.** | Pro Person ca. **560 kcal, 35 g EW, 37 g F, 18 g KH**

1 Entenbrusthaut (nicht das Fleisch) mit einem scharfen Messer mehrfach längs mit parallelen Schnitten einschneiden. Dann das Filet schräg in dünne Scheiben schneiden. 3 EL Sojasauce, 1 EL Chilisauce und das Sesamöl verrühren. Auf eine Seite der Scheiben streichen.

2 Frühlingszwiebeln putzen, zartes Grün in Ringe schneiden, beiseitestellen. Weiße Teile längs halbieren, in 4 cm lange Stücke schneiden und auf die Filetscheiben verteilen. Diese zusammenklappen und mit Zahnstochern feststecken.

3 Möhren schälen und schräg in 1/2 cm dicke Scheiben schneiden. Brokkoli putzen, in Röschen teilen, diese halbieren oder vierteln. Die Stiele dünn schälen und in 1/2 cm dicke Scheiben schneiden. Knoblauch und Ingwer schälen und fein hacken.

4 2 EL Öl in einem Wok erhitzen, Fleisch darin portionsweise rundum braun braten, herausheben und warm stellen. 1 EL Öl in den Wok geben, Möhren, Brokkoli, Ingwer und Knoblauch darin unter Rühren 3 Min. braten. Brühe, Sherry, 2 EL Sojasauce und 1–2 EL Chilisauce dazugeben. Aufkochen und offen bei schwacher Hitze 5 Min. kochen lassen. Grüne Frühlingszwiebelringe untermischen. Fleisch auf dem Gemüse anrichten und mit Sesam bestreuen.

was lange währt …

6-STUNDEN-GANS

MIT SPECKÄPFELN

1 junge Gans (ca. 4 1/2 kg)
Salz | Pfeffer
1 TL getrockneter Majoran
4–6 sehr kleine Äpfel (ca. 500 g)
4 Scheiben Frühstücksspeck (Bacon)
8 Gewürznelken
1 Bund Suppengrün (ca. 300 g)
2 Zwiebeln
800 ml Geflügelbrühe
3 Lorbeerblätter
1–2 EL Speisestärke
Holzzahnstocher

Für 4–6 Personen | Zubereitung **30 Min.** | Bratzeit **6 Std.**
Bei 6 Personen pro Person ca. **1340 kcal, 100 g EW, 96 g F, 13 g KH**

1 Die Gans von sichtbarem Fett befreien. Innen und außen abspülen, abtrocknen und innen und außen mit Salz und Pfeffer würzen, innen zusätzlich mit Majoran. Äpfel waschen und streifig schälen, Kerngehäuse mit einem Apfelausstecher ausstechen. Äpfel mit je 1 Speckscheibe umwickeln und diese mit je 2 Nelken feststecken. Äpfel in die Gans geben, Bauchhöhle mit Zahnstochern zustecken.

2 Backofen auf 120° (Umluft nicht empfehlenswert) vorheizen. Suppengrün putzen und klein würfeln, Zwiebeln schälen und in Spalten schneiden. Beides in die Fettpfanne geben. Gans mit der Brust nach oben auf das Gemüse setzen und im Ofen (unten) 3 Std. braten. Brühe mit Lorbeer aufkochen, Gans alle 30 Min. damit beschöpfen. Anschließend 2 Std. 30 Min. weiterbraten, dann mit der Brust nach oben auf ein Blech setzen und noch 30 Min. braten.

3 Den Bratensatz aus der Fettpfanne durch ein Sieb in einen Topf gießen und entfetten (s. Seite 6). Sauce bei starker Hitze auf zwei Drittel einkochen lassen. Stärke mit 50 ml kaltem Wasser glatt rühren, in die Sauce rühren, aufkochen, salzen und pfeffern.

4 Nach 6 Std. Garzeit den Backofengrill zuschalten und die Gans kurz goldbraun übergrillen, dabei aufpassen, dass die Haut nicht verbrennt. Gans tranchieren, mit Äpfeln und Sauce servieren.

edel in Form

ROLLBRATEN
VON DER GÄNSEBRUST

1 doppelte Gänsebrust ohne Knochen (ca. 700 g)
Salz | Pfeffer
2 EL Preiselbeerkompott
2 TL körniger Senf
1 TL getrockneter Estragon
50 g gekochter Schinken in dünnen Scheiben
150 ml Gänsefond (Glas)
600 g Wirsing
2 Schalotten
1 Knoblauchzehe
2 kleine Rosmarinzweige
150 g Crème fraîche

Für 2–3 Personen | Zubereitung **ca. 3 Std.** | Bratzeit **2 Std.**
Bei 3 Personen pro Person ca. **795 kcal, 50 g EW, 55 g F, 14 g KH**

1 Gänsebrust abtupfen. Auf der Haut auf die Arbeitsfläche legen, salzen und pfeffern. Preiselbeeren, Senf und Estragon verrühren, auf dem Fleisch verstreichen. Schinken darauflegen. Gänsebrust zusammenklappen und mit Küchengarn wie einen Rollbraten verschnüren.

2 Backofen auf 100° vorheizen. Auf den Rost (Mitte) eine ofenfeste tiefe Platte oder Form stellen. Gänsebrust in einer Pfanne ohne Fett bei mittlerer Hitze 10–12 Min. erst auf der Haut, dann rundherum anbraten. Mit der Haut nach oben auf die Platte im Ofen setzen, 2 Std. braten. Ausgebratenes Fett abnehmen und beiseitestellen. Fond erhitzen, zum Braten geben, 30 Min. weiterbraten.

3 Den Wirsing putzen, vierteln und ohne Strunk quer fein schneiden. In kochendes Salzwasser geben, 3 Min. kochen, abgießen und mit eiskaltem Wasser abschrecken. Sehr gut abtropfen lassen. Schalotten und Knoblauch schälen und fein würfeln.

4 Schalotten, Knoblauch und Rosmarinzweige in einem großen Topf in 2 EL Gänsefett bei mittlerer Hitze 5 Min. braten. Wirsing und Crème fraîche unterrühren, erhitzen, salzen und pfeffern. Bratfond entfetten (s. Seite 6) und erhitzen. Braten quer in Scheiben schneiden, mit Wirsing und Bratfond anrichten.

MEIN GAR-TIPP

Bei dieser Garmethode wird die Gänsebrust bei starker Hitze angebraten und gart dann sanft im Ofen weiter. Dadurch verteilt sich der Fleischsaft und der Rollbraten wird besonders zart.

WARUM WIRD DIE ENTENBRUST EINGEFROREN?

Die fette Entenhaut wird durch das kurze Tiefkühlen fest und kann so einfacher vom Fleisch gelöst und in Streifen geschnitten werden.

Ente, Pasta – basta!

PAPPARDELLE
MIT ENTENBOLOGNESE

1 Entenbrustfilet (ca. 350 g)
25 g getrocknete Tomaten (ohne Öl)
80 g Staudensellerie
80 g Möhren | 1 Zwiebel
1–2 Knoblauchzehen
1 Rosmarinzweig
120 ml Geflügelbrühe
120 ml Rotwein oder Brühe
1 getrocknete Chilischote
250 g Nudeln (z. B. Pappardelle)
Zucker
Salz | Pfeffer
2 EL gehackte Petersilie

Für 2 Personen | Zubereitung **1 Std. 15 Min.** | Pro Person ca. **870 kcal, 55 g EW, 20 g F, 106 g KH**

1 Die Entenbrust 30 Min. ins Gefriergerät legen. Tomaten sehr fein würfeln. Sellerie putzen, Möhren schälen. Beides in kleine Würfel schneiden. Zwiebel und Knoblauch schälen und fein hacken. Rosmarinnadeln abzupfen und fein hacken.

2 Entenbrust häuten. Die Haut quer in 1/2 cm dicke Streifen schneiden und in einem Schmortopf offen bei mittlerer Hitze ausbraten. Entenfleisch in kleine Würfel schneiden. Hautstreifen aus dem Topf heben und auf Küchenpapier abtropfen lassen. Fett bis auf 3 EL abgießen.

3 Fleisch im Bräter bei mittlerer bis starker Hitze unter Rühren goldbraun anbraten. Möhren, Sellerie, Zwiebel und Knoblauch bei mittlerer Hitze 3 Min. unter Rühren mitbraten. Rosmarin, Brühe, Wein, Tomaten und Chili zugeben, zugedeckt aufkochen und bei schwacher Hitze 25 Min. schmoren. Den Backofen auf 100° vorheizen.

4 Nudeln nach Packungsangabe in Salzwasser garen. Entenhaut im Ofen (Umluft 80°) 5–10 Min. erwärmen. Entenbolognese mit 1 Prise Zucker, Salz und Pfeffer abschmecken. Petersilie unter die Sauce rühren, mit Nudeln anrichten. Entenhaut dazu servieren.

KLASSIKER NEU INTERPRETIERT

knusprig & cremig

GÄNSEKEULEN
AUF FENCHEL-RAHM-KRAUT

2 Gänsekeulen (à 400 g) ++ 1 TL Fenchelsamen ++ 1/2 TL weiße Pfefferkörner ++ Salz ++ 4 EL Anisschnaps (nach Belieben) ++ 1 EL Öl ++ 1 Dose Sauerkraut (425 g) ++ 1 Zwiebel ++ 1 Fenchelknolle mit Grün (ca. 180 g) ++ 200 ml Geflügelbrühe ++ 150 g Sahne

Für 2 Personen | Zubereitung **2 Std.** | Pro Person ca. **935 kcal, 54 g EW, 66 g F, 20 g KH**

1 Backofen auf 200° vorheizen (Umluft nicht empfehlenswert). Keulen abtupfen, Haut mit einem scharfen Messer mehrmals schräg einschneiden. Fenchelsamen und Pfeffer im Mörser fein zerstoßen und mit 1 gestrichenen TL Salz mischen. Keulen damit rundum einreiben und mit der Haut nach oben in einen Bräter legen. 2 EL Anisschnaps und Öl verrühren und über die Keulen geben. Auf dem Rost im Ofen (Mitte) 45 Min. braten.

2 Sauerkraut in einem Sieb abtropfen lassen, etwas ausdrücken. Zwiebel schälen und fein würfeln. Fenchel putzen, Grün abschneiden und in kaltes Wasser legen. Fenchel grob raspeln. Keulen aus dem Bräter nehmen, das Fett bis auf 2 EL abgießen. Zwiebel im Bräter bei mittlerer Hitze glasig dünsten. Fenchel, Sauerkraut, Brühe, Sahne und 2 EL Anisschnaps untermischen.

3 Keulen mit der Haut nach oben auf das Kraut setzen und im Ofen (Mitte) weitere 40 Min. schmoren. Fenchelgrün trockentupfen und hacken. Kraut mit Salz und Pfeffer abschmecken. Keulen auf dem Fenchel-Rahm-Kraut anrichten und mit Fenchelgrün bestreuen.

Aromen-Festival

KNUSPRIGE ENTENKEULEN
MIT ROTKOHLSALAT

400 g Rotkohl
40 g frischer Ingwer
Salz | Pfeffer
3–4 EL Limettensaft
7 EL Honig | 2 EL Sojasauce
1 EL Öl
1 TL geröstetes Sesamöl (Asienladen)
1 große Zwiebel
1 Knoblauchzehe
120 ml Obstessig
5 Kaffirlimettenblätter
2 TL 5-Gewürze-Pulver (Asienladen)
2 kleine Entenkeulen (à 250 g)
1 EL Sesamsamen
3 EL grob gehacktes Koriandergrün

Für 2 Personen | Zubereitung **2 Std.** | Pro Person ca. **735 kcal, 35 g EW, 40 g F, 56 g KH**

1 Rotkohl putzen, vierteln und ohne Strunk fein schneiden. Ingwer dünn schälen und reiben. Mit 1/2 TL Salz, Limettensaft und 1 EL Honig zum Kohl geben. Mit den Händen 5 Min. kräftig durchkneten. Sojasauce und beide Öle untermischen und kräftig mit Salz und Pfeffer würzen. Den Salat abgedeckt durchziehen lassen.

2 Zwiebel schälen, längs achteln. Knoblauch ungeschält mit der breiten Messerseite andrücken. In einem flachen Topf mit 2 TL Salz, 5 EL Honig, Essig, 3 Limettenblättern und 5-Gewürze-Pulver zugedeckt aufkochen. Keulen nebeneinander einlegen, mit kochend heißem Wasser gerade bedecken. Zugedeckt bei schwacher Hitze 1 Std. kochen. Ofen auf 200° (Umluft 180°) vorheizen.

3 Keulen aus dem Sud heben, auf der Haut mit 1 EL Honig bestreichen und auf ein Blech legen. Je 1 Limettenblatt mit 1 Zahnstocher auf die Keulen stecken. Im Ofen (Mitte) in 15–20 Min. goldbraun und knusprig braten. Inzwischen den Sesam in einer Pfanne ohne Fett anrösten. Koriander unter den Rotkohl mischen, abschmecken und mit Sesam bestreut mit den Entenkeulen anrichten.

WIE KANN ICH 5-GEWÜRZE-PULVER ERSETZEN?

Grundsätzlich ist Lebkuchengewürz (bekannt aus der Weihnachtsbäckerei) ein guter Ersatz. Für dieses Rezept können Sie stattdessen aber auch 1/2 Zimtstange, 2 Stück Sternanis und 2 kleine getrocknete Chilis im Sud mitkochen.

in knuspriger Hülle

GÄNSEBRUST WELLINGTON

2 Platten rechteckiger TK-Blätterteig (à 90 g)
1 Schalotte
200 g braune Champignons
2 EL Gänseschmalz
100 ml Madeira (ersatzweise Orangensaft)
1 Gänsebrustfilet (ca. 350 g)
Salz | Pfeffer
2 EL gehackte Petersilie
50 g Gänseleberpastete
1 Eigelb
150 ml Gänsefond (Glas)
75 g Crème fraîche

Für 2 Personen | Zubereitung **1 Std. 30 Min.** | Pro Person ca. **1100 kcal, 39 g EW, 83 g F, 22 g KH**

1 Blätterteig nebeneinander auftauen lassen. Schalotte schälen. Champignons putzen und beides fein hacken. 1 EL Schmalz in eine große Pfanne geben, Schalotte und Pilze darin bei mittlerer bis starker Hitze braten, bis alle Flüssigkeit verdampft ist. 3 EL Madeira zugeben und verdampfen lassen. Pilze herausnehmen und abkühlen lassen. Ofen auf 220° (Umluft 200°) vorheizen.

2 Gänsebrust häuten. Fleisch rundum salzen und pfeffern. 1 EL Schmalz in der Pfanne erhitzen, Fleisch darin pro Seite 1 Min. braun anbraten, herausheben und beiseitestellen. Petersilie und Pastete unter die Pilze mischen, salzen, pfeffern. Eigelb mit 1 EL Wasser verrühren.

3 Teig auf der leicht bemehlten Arbeitsfläche überlappend quadratisch (23 x 23 cm) ausrollen. Fleisch rundum mit Pilzfarce bestreichen, auf den Teig setzen. Teigkanten mit Eigelb bestreichen, Teig über dem Fleisch zusammenklappen und andrücken. Mit der Naht nach unten auf ein mit Backpapier ausgelegtes Blech setzen. Mit Eigelb bestreichen und mehrmals mit einer Gabel einstechen, damit Dampf entweichen kann. Im Ofen (unten) 15 Min. backen, Hitze auf 180° (Umluft 160°) reduzieren, weitere 5 Min. backen. Herausnehmen und 5 Min. ruhen lassen.

4 Restlichen Madeira und Fond in der Pfanne bei starker Hitze 3 Min. kochen. Crème fraîche einrühren, aufkochen, salzen und pfeffern. Gänsebrust aufschneiden und mit Sauce anrichten.

WIE SCHNEIDE ICH DIE ENTENBRUST AUF, OHNE DEN BLÄTTERTEIGMANTEL ZU ZERDRÜCKEN?

Am besten benutzen Sie zum Zerteilen hier ein Elektromesser oder ein scharfes Sägemesser.

ideales Gäste-essen

GÄNSEBRATEN – GEDÄMPFT UND GEBRATEN

1 junge Gans (ca. 4,2 kg)
1 EL getrockneter Estragon
1 EL getrockneter Salbei
Salz | Pfeffer
250 g Möhren
250 g Knollensellerie
150 g Zwiebeln
2 Knoblauchzehen
1/2 l Apfelsaft (bei Umluft 600 ml)
1/2 l Geflügelbrühe (bei Umluft 600 ml)
1–2 EL Speisestärke
3 EL Calvados (ersatzweise 2 EL Zitronensaft)

Für 4 Personen | Zubereitung **3 Std.** | Pro Person ca. **1810 kcal, 126 g EW, 124 g F, 29 g KH**

1 Backofen auf 250° vorheizen. Gans von sichtbarem Fett befreien. Von innen und außen abspülen und trocknen. Gans innen und außen mit Estragon, Salbei, Salz und Pfeffer würzen.

2 Möhren und Sellerie schälen und in 1 cm dicke Stifte schneiden. Zwiebeln schälen und in Spalten schneiden. Knoblauch schälen und hacken. Gemüse in einem Bräter verteilen, Gans mit der Brust nach oben daraufsetzen. Apfelsaft und Brühe aufkochen und in den Bräter geben. Zugedeckt auf dem Rost in den Ofen (unten, Umluft 230°) schieben und die Gans 30 Min. dämpfen. Dann bei 180° (Umluft 160°) weitere 1 Std. 30 Min. garen.

3 Gans aus dem Bräter nehmen. Mit der Brust nach oben auf den Rost über die Fettpfanne des Backofens legen, mit einer Fleischgabel an den Keulen einstechen, sodass weiteres Fett auslaufen kann. Bei 220° (unten, Umluft 180°) in 20–30 Min. knusprig braten.

4 Inzwischen den Bratensatz durch ein Sieb in einen Topf geben. Gemüse in einer Pfanne bei schwacher Hitze zugedeckt warm halten. Bratensatz entfetten (s. Seite 6) und aufkochen. Stärke mit Calvados glatt rühren, in die Sauce rühren, aufkochen, salzen und pfeffern. Gans tranchieren und mit Gemüse und Sauce servieren.

edel gewickelt

ENTENBRUST
IN REISPAPIER

2–3 Frühlingszwiebeln
250 g Salatgurke
250 g Chinakohl
6–8 Stiele Pfefferminze
1 Entenbrustfilet (ca. 300 g)
1 TL 5-Gewürze-Pulver (Asienladen)
Salz
8 Reispapierblätter (22 cm Ø; Asienladen)
8 TL Hoisinsauce (Asienladen)

Für 2 Personen | Zubereitung **45 Min.** | Pro Person ca. **730 kcal, 39 g EW, 17 g F, 105 g KH**

1 Frühlingszwiebeln putzen, waschen und schräg in feine Ringe schneiden. Gurke waschen, streifig schälen, längs halbieren und mit einem Teelöffel entkernen. Anschließend in 5 cm lange, 1/2 cm dicke Stifte schneiden. Kohl putzen und quer in feine Streifen schneiden. Minzeblättchen abzupfen. Alles abgedeckt beiseitestellen.

2 Entenbrust häuten. Haut in eine trockene Pfanne geben, mit Alufolie bedecken und mit einem Topf beschwert bei mittlerer Hitze langsam kross ausbraten. Fleisch waagerecht halbieren. Nacheinander zwischen Frischhaltefolie am besten mit einem Stieltopf 1/2 cm flach klopfen.

3 Haut aus der Pfanne nehmen, auf Küchenpapier abkühlen lassen, Fett in ein Schälchen füllen. Fleisch rundum mit 1 EL Entenfett bestreichen. Mit 5-Gewürze-Pulver und Salz würzen. 1 TL Entenfett in der Pfanne erhitzen, das Fleisch darin auf jeder Seite 3–4 Min. braten. Fleisch und Haut quer in Streifen schneiden.

4 Reisblätter einzeln 1 Min. in warmes Wasser legen, kurz abtropfen lassen. Mit je 1 TL Hoisinsauce bestreichen. Mit Frühlingszwiebeln, Gurke, Chinakohl, Minze, Entenfleisch und -haut belegen, Ränder einschlagen und aufrollen.

aromatisch mariniert

VIERTELENTE
MIT INGWERGLASUR

1 Ente (ca. 2 kg)
30 g frischer Ingwer
3 EL Limettensaft
3 EL Sojasauce
2 EL geröstetes Sesamöl (Asienladen)
2 TL Zitronengraspüree (Glas; Asiaabteilung im Supermarkt)
2 Zwiebeln
400 ml Fleischbrühe (oder Entenfond)
120 ml Sherry (medium dry; ersatzweise Orangensaft)
2 EL Ingwerkonfitüre
1–2 TL Speisestärke
Salz | Pfeffer

Für 4 Personen | Zubereitung **2 Std.** | Marinierzeit **3 Std.**
Pro Person ca. **920 kcal, 74 g EW, 53 g F, 19 g KH**

1 Mit einer Geflügelschere von der Gans die Keulen abschneiden, das Rückgrat entfernen, die Brust längs halbieren. Haut mit einer Fleischgabel mehrmals einstechen. Ingwer dünn schälen, fein reiben und mit Limettensaft, Sojasauce, Öl und 1 TL Zitronengraspüree verrühren. Ententeile damit rundum bestreichen, zugedeckt mindestens 3 Std. marinieren.

2 Ofen auf 180° (Umluft nicht empfehlenswert) vorheizen. Zwiebeln schälen, längs achteln und mit 200 ml kaltem Wasser in die Fettpfanne des Ofens geben. Ente erneut mit Marinade bestreichen. Auf dem Rost mit der Fettpfanne darunter im Ofen (Mitte) 1 Std. 15 Min. braten. Brühe und 100 ml Sherry nach und nach in die Fettpfanne geben. Marinade mit Ingwerkonfitüre und 2 EL Sherry verrühren. Ente weitere 20 Min. braten, dabei immer wieder mit der Glasur bestreichen.

3 Ente im ausgeschalteten Ofen warm halten. Bratensatz lösen (s. Seite 6), mit restlicher Glasur verrühren, durch ein Sieb in einen Topf geben und entfetten. Stärke erst mit wenig kaltem Wasser, dann mit der Sauce verrühren, unter Rühren aufkochen. 3 Min. kochen lassen, mit 1 TL Zitronengraspüree, Salz und Pfeffer abschmecken.

MEIN SERVIER-TIPP

Ein Endiviengemüse passt gut dazu. 700 g Winterendivie (glatte Endivie) in Blätter teilen, waschen, trockenschleudern und in fingerbreite Streifen schneiden. 1 entkernte rote Pfefferschote quer in feine Streifen schneiden, 1–2 Knoblauchzehen schälen und hacken. 1 Bund Frühlingszwiebeln putzen und schräg in 1 cm dicke Ringe schneiden. Alles portionsweise in je 1 EL Öl 2–3 Min. braten und salzen, 2 EL gehacktes Koriandergrün untermischen.

ENTE & GANS CROSSOVER

from California

BAGEL MIT ENTENBRUST UND AVOCADO

1 Entenbrustfilet (ca. 300 g) ++ Salz ++ Pfeffer ++ 1 Limette ++ 1 reife Avocado ++ 50 g fettreduzierter Frischkäse ++ 2 Tomaten ++ 4–6 kleine Blätter Römersalat ++ 2 Bagel (z. B. mit Mohn oder Sesam, ersatzweise Burger-Brötchen) ++ 3 EL süßscharfe Chilisauce ++ 3 EL Schnittlauchröllchen

Für 2 Personen | Zubereitung **ca. 25 Min.** | Kühlzeit **1 Std.**
Pro Person ca. **730 kcal, 38 g EW, 43 g F, 46 g KH**

1 Entenbrusthaut (nicht das Fleisch) mit einem scharfen Messer mehrfach längs in parallelen Schnitten einschneiden. Fleisch salzen und pfeffern. Mit der Haut nach unten in eine kalte Pfanne legen. Bei mittlerer Hitze 10 Min. braten, Brust wenden und weitere 5 Min. braten. Fleisch so in Alufolie wickeln, dass die Haut frei bleibt, 1 Std. abkühlen lassen.

2 Limette heiß waschen, abtrocknen und 1/2 TL Schale fein abreiben, 3 EL Limettensaft auspressen. Avocado halbieren und entkernen. Fruchtfleisch mit einem großen Löffel aus der Schale heben. Eine Avocadohälfte mit Limettenschale und 1 EL Limettensaft mit einer Gabel zerdrücken. Frischkäse untermischen, salzen. Andere Avocadohälfte schräg in dünne Scheiben schneiden und sofort mit Limettensaft bepinseln.

3 Tomaten waschen und in Scheiben schneiden. Salat waschen und trocken schleudern. Bagel waagerecht in je 3 Ringe schneiden. Entenbrust schräg in Scheiben schneiden. Scheiben auf 1 Seite dünn mit Chilisauce bestreichen. Bagelringe mit Avocado-Frischkäse bestreichen. Mit Salat, Tomaten, Avocado, Schnittlauch und Entenbrust zusammensetzen.

flotte Rolle

ENTENBRUST-WRAP

MIT ERDNUSS-KORIANDER-CREME

1 Entenbrustfilet (ca. 300 g)
Salz | Pfeffer
1/2 Bund Koriandergrün
60 g Erdnusskerne (geröstet und gesalzen)
7 EL Orangensaft (frisch gepresst)
3 TL scharfer Senf
1/2 Radicchio (60 g)
1 kleines Römersalatherz
2–3 Frühlingszwiebeln
1/2 reife Mango (ca. 200 g)
4 Weizentortillas (Wraps)
Holzzahnstocher

Für 2 Personen | Zubereitung **30 Min.** | Kühlzeit **1 Std.**
Pro Person ca. **930 kcal, 50 g EW, 35 g F, 102 g KH**

1 Entenbrusthaut (nicht das Fleisch) mit einem scharfen Messer mehrfach längs in parallelen Schnitten einschneiden. Fleischseite salzen und pfeffern. Mit der Haut nach unten in eine kalte Pfanne legen. Bei mittlerer Hitze 10 Min. braten, Entenbrust wenden und weitere 5 Min. braten. Fleisch so in Alufolie wickeln, dass die Haut frei bleibt. Entenbrust 1 Std. abkühlen lassen.

2 Koriandergrün mit den zarten Stielen grob hacken. Mit 40 g Erdnüssen, 4 EL Orangensaft und Senf pürieren. 20 g Erdnüsse grob hacken und unterrühren.

3 Radicchio und Römersalat zerpflücken, putzen, waschen und trockenschleudern. Quer in feine Streifen schneiden. Frühlingszwiebeln putzen und schräg in feine Ringe schneiden. Mango schälen, Fruchtfleisch vom Stein schneiden und würfeln. 3 EL Orangensaft und 2 TL Erdnuss-Koriander-Creme verrühren. Mit Radicchio, Römersalat, Frühlingszwiebeln und Mango mischen. Entenbrust quer in dünne Scheiben schneiden.

4 Tortillas mit Erdnuss-Koriander-Creme bestreichen, dabei rundherum einen 2 cm breiten Rand frei lassen. Salat und Entenbrust auf der Creme verteilen. Ränder auf die Füllung klappen, Tortillas aufrollen. Nahtstelle mit Zahnstochern fixieren.

Italy meets India

RUCOLA-LINSEN-SALAT MIT ENTENBRUST

1 Entenbrustfilet (ca. 330 g)
Salz | Pfeffer
1–2 EL Thymianblättchen (oder 1 TL getrockneter Thymian)
2 EL Olivenöl
1/4 l Gemüsebrühe
80 g rote Linsen
100 g Rucola
1 Knoblauchzehe
5 EL Apfelsaft
6–8 EL Portwein (ersatzweise Apfelsaft)
2–3 EL Zitronensaft
1–2 TL flüssiger Honig

Für 2 Personen | Zubereitung **45 Min.** | Pro Person ca. **605 kcal, 41 g EW, 28 g F, 33 g KH**

1 Einen ofenfesten Teller auf dem Rost in den Backofen (Mitte) stellen, den Ofen auf 100° (Umluft nicht empfehlenswert) vorheizen. Entenbrust häuten, trockentupfen und rundum mit Salz, Pfeffer und Thymian würzen. Öl in einer Pfanne erhitzen, Entenbrust darin bei mittlerer bis starker Hitze von allen Seiten 6 Min. anbraten. Fleisch auf den Teller im Ofen geben und 30 Min. garen.

2 Brühe aufkochen, Linsen zugeben und bei schwacher Hitze in 6–8 Min. bissfest garen. Linsen in ein Sieb geben, Brühe auffangen. Linsen abschrecken und abtropfen lassen. Rucola verlesen, waschen, trockenschleudern und in mundgerechte Stücke rupfen.

3 Ungeschälten Knoblauch mit der breiten Messerseite kräftig andrücken. Mit der Linsenbrühe in die Pfanne geben und bei starker Hitze auf ein Drittel einkochen lassen. Apfelsaft und Portwein zugeben und aufkochen. Sauce mit Zitronensaft, Honig, Salz und Pfeffer abschmecken. Knoblauch entfernen und die Sauce mit den Linsen mischen. Rucola unterheben.

4 Entenbrust quer in Scheiben schneiden und mit dem Salat anrichten. Dazu passen Fladenbrot und, nach Belieben, Mangochutney.

WARUM SOLL ICH DIE ENTENBRUST QUER AUFSCHNEIDEN?

Ihre Fleischfasern verlaufen in Längsrichtung. Wird das Fleisch quer zur Faser zerschnitten, so werden die Fasern kürzer und lassen sich einfacher zerkauen.

ENTE MIT SÜSSKARTOFFELFÜLLUNG

american Style

500 g Süßkartoffeln
300 g Staudensellerie
200 g Zwiebeln
2 EL Öl
2 Knoblauchzehen
1 EL getrockneter Salbei
Salz | Pfeffer
1 Ente (küchenfertig, ca. 2,1 kg)
200 g Möhren
150 ml Rotwein oder Geflügelfond
400 ml Geflügelfond (Glas)
2 EL flüssiger Honig
2 EL Obstessig
1–2 EL dunkler Saucenbinder

Für 4 Personen | Zubereitung **3 Std.** | Pro Person ca. **1050 kcal, 77 g EW, 54 g F, 95 g KH**

1 Backofen auf 220° (Umluft nicht empfehlenswert) vorheizen. Süßkartoffeln schälen und 1 cm groß würfeln. Sellerie putzen und in 1/2 cm dünne Scheiben schneiden. Zwiebeln schälen und fein würfeln. Süßkartoffeln und je die Hälfte von Sellerie und Zwiebeln im Öl bei mittlerer Hitze 5 Min. braten. Knoblauch schälen und dazupressen, Salbei zugeben. Alles salzen, pfeffern und beiseitestellen.

2 Ente innen und außen kalt abspülen, trocknen, salzen und pfeffern. Mit Kartoffelmasse füllen, verschließen und mit Küchengarn in Form binden (s. Seite 6). Mit der Brust nach unten auf den Rost legen, in den Ofen (unten) schieben, die Fettpfanne darunter, und 25 Min. braten.

3 Inzwischen Möhren schälen und klein würfeln, mit restlichem Sellerie und übriger Zwiebel in die Fettpfanne geben. Ente wenden und bei 150° 15 Min. braten. Wein und Fond angießen. 1 Std. 30 Min. weiterbraten, ab und zu mit Bratenfond beschöpfen. Eventuell 200 ml Wasser zugeben.

4 Honig, Essig, 1 TL Salz und 4 EL heißes Wasser verrühren. Ente mit der Brust nach oben auf ein Blech setzen, rundum mit der Honigmischung bestreichen und im Ofen (unten) bei 220° 10 Min. braten. Bratensatz mit einem Pinsel lösen (s. Seite 6), durch ein Sieb in einen Topf gießen und entfetten (s. Seite 6). Mit Saucenbinder binden, salzen und pfeffern. Zur Ente servieren.

MEIN SERVIER-TIPP

Schneiden Sie zusätzlich je 120 g Staudensellerie und Möhren klein. Während die Ente fertig brät (Schritt 4), dünsten Sie das Gemüse in 1 EL Öl an. Das Gemüse salzen, 3 EL Wasser dazugeben und bei schwacher Hitze zugedeckt 10 Min. dünsten. Am Schluss in die Sauce geben und zur Ente servieren.

GÄNSEBRUST-APFEL-PIE
MIT MARONEN

gut in Form

200 g Mehl
Salz
20 g Gänseschmalz
4 EL Öl
100 ml Milch
1 Gänsebrustfilet (ca. 350 g)
100 g geschälte Maronen (Vakuumpack)
1–2 TL getrockneter Salbei
1/4 TL gemahlener Piment
Pfeffer
1 Apfel
1 Eigelb
Mehl zum Arbeiten
Fett für die Form

Für 1 Tarteform (20 cm Ø) | Zubereitung **45 Min.** | Backzeit **1 Std.**
Bei 3 Personen pro Person ca. **785 kcal, 32 g EW, 41 g F, 71 g KH**

1 Mehl, 1/2 TL Salz, Schmalz, Öl und Milch erst mit den Knethaken des Handrührgeräts, dann mit den Händen zu einem glatten Teig verkneten. Teig in Folie gewickelt beiseitelegen. Den Backofen auf 200° (Umluft nicht empfehlenswert) vorheizen. Tarteform fetten.

2 Gänsebrust häuten, Fleisch in 1 cm kleine Würfel schneiden. Maronen fein hacken. Fleisch, Maronen, Salbei, Piment, Salz und Pfeffer mischen.

3 Zwei Drittel vom Teig auf der bemehlten Arbeitsfläche rund (26 cm Ø) ausrollen. In die Tarteform geben, dabei einen Rand formen. Füllung daraufgeben. Apfel schälen, vierteln, entkernen und längs in Scheiben schneiden. Auf die Füllung geben.

4 Restlichen Teig rund (20 cm Ø) ausrollen, auf die Füllung legen, Rand und Deckel zusammendrücken. Eigelb mit 1 EL Wasser mischen, auf den Deckel streichen. Mittig ein 2 cm großes Kreuz hineinschneiden, Ecken aufklappen, Teig andrücken. Die Pie auf dem Rost im Ofen (Mitte) 20 Min. backen. Bei 180° weitere 40 Min. backen. Vor dem Anschneiden 15 Min. ruhen lassen.

GEHT AUCH EIN ANDERER TEIG?

Einfacher wird's mit fertig ausgerolltem Blätterteig (275 g) aus dem Kühlregal: Teig ausrollen und 2 runde, für die Tarteform passende Teigstücke ausschneiden. Wie beschrieben weiterverfahren.

aus der Orient-küche

TAJINE MIT ENTENKEULE

2 Entenkeulen (à ca. 380 g)
1/2 TL Zimtpulver
Salz | Pfeffer
1 EL flüssiger Honig
2 große Zwiebeln
200 g Pastinaken
1/2–1 Zimtstange
2 Stück Schale von 1 Bio-Mandarine (je 5 cm lang)
je 1/2 TL gemahlener Ingwer, Koriander und Kreuzkümmel
400 ml heiße Geflügelbrühe
40 g getrocknete Sauerkirschen (oder getrocknete Cranberrys)
1 EL Mandelstifte
150 g Couscous | 2 EL Olivenöl
4 Stiele Pfefferminze (oder Petersilie)

Für 2 Personen | Zubereitung **2 Std. 15 Min.** | Pro Person ca. **1080 kcal, 75 g EW, 52 g F, 73 g KH**

1 Backofen auf 200° vorheizen (Umluft nicht empfehlenswert). Keulen trockentupfen, Haut mit einem scharfen Messer mehrmals schräg einschneiden. Zimt, 1 TL Salz und Pfeffer mischen. Keulen damit rundum einreiben und mit der Haut nach oben in einen flachen Bräter legen. Auf dem Rost im Ofen (Mitte) 25 Min. braten.

2 Honig mit 1 EL heißem Wasser verrühren. Keulenhaut damit bestreichen und weitere 20 Min. braten. Zwiebeln schälen und in dicke Ringe schneiden. Pastinaken schälen und längs in 1 cm dicke Stifte schneiden. Keulen aus dem Bräter nehmen. Fett bis auf 2 EL abgießen. Zwiebeln und Pastinaken im Bräter andünsten. Zimt, Mandarinenschale, Ingwer, Koriander, Kreuzkümmel und Brühe unterrühren. Keulen mit der Haut nach oben daraufsetzen, zugedeckt im Ofen weitere 45 Min. schmoren.

3 Kirschen unter das Gemüse mischen und offen 25 Min. schmoren. Inzwischen Mandeln in einem flachen Topf ohne Fett goldbraun rösten. Couscous und Olivenöl untermischen, bei schwacher Hitze unter Rühren 2 Min. braten. 200 ml warmes Wasser mit Salz verrühren, zum Couscous geben und zugedeckt 5 Min. auf dem ausgeschalteten Herd quellen lassen. Couscous mit einer Gabel auflockern. Mit Gemüse und Keulen anrichten, grob gehackte Minze darüberstreuen.

süß – pikant – exotisch

GÄNSEKEULEN
MIT ANANAS UND SELLERIE

2 Gänsekeulen (à 400 g)
1/2 TL gemahlener Piment
Salz
1/4 Ananas (250 g)
1 rote Chilischote
150 g Staudensellerie (mit Grün)
250 g schlanke Möhren
8 EL Gemüsebrühe

Für 2 Personen | Zubereitung **2 Std.** | Pro Person ca. **615 kcal, 45 g EW, 37 g F, 65 g KH**

1 Backofen auf 200° vorheizen (Umluft nicht empfehlenswert). Keulen trockentupfen, Haut mit einem scharfen Messer mehrmals schräg einschneiden. Piment mit 1 gestrichenem TL Salz mischen. Keulen damit rundum einreiben und mit der Haut nach oben in eine ofenfeste Form legen. Auf dem Rost in den Ofen (Mitte) schieben und 1 Std. braten.

2 Ananas schälen, halbieren und den Strunk entfernen. Hälften quer in 1/2 cm dicke Scheiben schneiden. 100 g davon pürieren, den Rest in kleine Stücke schneiden. Chilischote längs halbieren, entkernen, fein hacken und unter das Ananaspüree rühren.

3 Sellerie putzen und entfädeln, Grün beiseite legen. Möhren schälen. Sellerie und Möhren schräg in 1/2 cm dicke Scheiben schneiden.

4 Gänsekeulen mit je 2 EL Ananaspüree bestreichen und weitere 30 Min. braten. 2 EL Gänsefett abnehmen und in einer großen Pfanne erhitzen. Sellerie und Möhren darin unter Rühren 6–8 Min. braten. Restliches Ananaspüree, die -stücke und die Brühe unterrühren und aufkochen. Selleriegrün fein hacken. Gemüse salzen, Selleriegrün untermischen und mit den Gänsekeulen anrichten.

Unsere Garantie

Alle Informationen in diesem Ratgeber sind sorgfältig und gewissenhaft geprüft. Sollte dennoch einmal ein Fehler enthalten sein, schicken Sie uns das Buch mit dem entsprechenden Hinweis an unseren Leserservice zurück. Wir tauschen Ihnen den GU-Ratgeber gegen einen anderen zum gleichen oder ähnlichen Thema um.

Liebe Leserin und lieber Leser,

wir freuen uns, dass Sie sich für ein GU-Buch entschieden haben. Mit Ihrem Kauf setzen Sie auf die Qualität, Kompetenz und Aktualität unserer Ratgeber. Dafür sagen wir Danke! Wir wollen als führender Ratgeberverlag noch besser werden. Daher ist uns Ihre Meinung wichtig. Bitte senden Sie uns Ihre Anregungen, Ihre Kritik oder Ihr Lob zu unseren Büchern. Haben Sie Fragen oder benötigen Sie weiteren Rat zum Thema? Wir freuen uns auf Ihre Nachricht!

Wir sind für Sie da!
Montag – Donnerstag: 8.00 – 18.00 Uhr;
Freitag: 8.00 – 16.00 Uhr
Tel.: 0180 - 5 00 50 54*
Fax: 0180 - 5 01 20 54*
*(0,14 €/Min. aus dem dt. Festnetz)
E-Mail:
leserservice@graefe-und-unzer.de

P.S.: Wollen Sie noch mehr Aktuelles von GU wissen, dann abonnieren Sie doch unseren kostenlosen GU-Online-Newsletter und/oder unsere kostenlosen Kundenmagazine.

GRÄFE UND UNZER VERLAG
Leserservice
Postfach 86 03 13
81630 München

Der Autor

Kay-Henner Menge ist Diplom-Oecotrophologe und hat sein Hobby Kochen zum Beruf gemacht. Er arbeitet für mehrere Zeitschriften in der Versuchsküche eines großen Verlages als Rezeptautor und Foodstylist. Daneben schreibt er Kochbücher. Für dieses Buch hat er so manches Exemplar seiner Lieblingsgeflügelarten gefüllt, gebraten und tranchiert.

Der Fotograf

Klaus-Maria Einwanger ist selbstständiger Fotograf in Rosenheim. Vor Ort und im Ausland arbeitet er für Zeitschriften, Buchverlage und Werbeagenturen. Kreativ setzt er dabei Food-Spezialitäten aus aller Welt perfekt ins Bild. Fürs Foodstyling war **Daniel Petri** zuständig.

Bildnachweis

Alle Bilder
Klaus-Maria Einwanger,
Rosenheim

Die Temperaturangaben bei Gasherden variieren von Hersteller zu Hersteller. Welche Stufe Ihres Herdes der jeweils angegebenen Temperatur entspricht, entnehmen Sie bitte der Gebrauchsanweisung. Bei Elektroherden können die Garzeiten je nach Herd variieren.

Programmleitung: Doris Birk
Leitende Redakteurin:
Stephanie Wenzel
Redaktion: Stefanie Poziombka
Lektorat: Adelheid Schmidt-Thomé
Korrektorat: Mischa Gallé
Layout, Typographie und Umschlaggestaltung:
Lucie Schmid, independent Medien-Design, München
Illustrationen Seite 4, 48 und U3:
Harold Lazaro, Backyard10, München; außer S. 4, erste von oben, S. 48 Nr. 2 Betti Trummer, Karlsruhe
Satz: Filmsatz Schröter, München
Herstellung: Gloria Pall
Reproduktion:
Penta Repro, München
Druck und Bindung:
Druckhaus Kaufmann, Lahr

ISBN 978-3-8338-0684-1

1. Auflage 2007

Ein Unternehmen der
GANSKE VERLAGSGRUPPE

ÜBER DEN TELLERRAND

 **1 Fünf Millionen Gänse** werden jährlich in Polen für die Gänsebratensaison in Deutschland gemästet. Unsere osteuropäischen Nachbarn essen zu Weihnachten lieber Karpfen.  **2 Legendäre Vögel** Eine Legende besagt, dass sich der heilige Martin, ungewollt zum Bischof gewählt, in einem Gänsestall versteckt habe. Die aufgeregten Gänse verrieten ihn jedoch durch lautes Geschnatter und er musste Bischof werden. Zur Strafe soll es darum am Tag seiner Beisetzung (11. November) Gänsebraten geben. Im finnischen Nationalepos Kalevala gilt die Ente als Erschafferin der Welt: Im ersten Gesang lässt sich die Tochter der Luft auf dem Meer nieder und wird zur Wassermutter. Auf ihren Knien baut eine Ente ihr Nest und legt Eier. Diese rollen aus dem Nest heraus, zerbrechen und es entstehen daraus Erde, Himmel, Sonne, Mond und Wolken.  **3 Gänse – die besseren Wachhunde** Aufgrund ihres hoch entwickelten räumlichen Sehvermögens können Gänse einen beachtlichen Bereich der Umgebung beobachten. Nähert sich eine unbekannte Person, reagieren die Gänse sofort mit lautem Geschnat-